AF332648

7

LK 2861.

CALOMNIEZ ! CALOMNIEZ !

IL EN RESTERA TOUJOURS QUELQUE CHOSE

Si, en me consacrant à cette merveilleuse et captivante forêt de Fontainebleau, j'ai eu le bonheur de faire bien des contents, bien des heureux, et celui d'acquérir de nombreuses sympathies et même de très-honorables amitiés, disons que, par contre, j'ai eu le malheur de froisser certains esprits envieux et jaloux, dont les haines, jointes à la haine de parti non moins implacable, n'ont point manqué de me causer bien des ennuis et d'amères déceptions.

Ah ! si, au lieu d'être parvenu à attacher mon nom obscur à la plus belle des forêts et d'avoir, sous la République, émis des opinions qu'en mon âme et conscience je croyais opportunes et qui sont celles de bien du monde fort honorable, si, au lieu, en un mot, de n'avoir jamais eu d'autre intention que celle de faire le bien, j'eusse été un malhonnête homme, un mauvais citoyen ou un être nul dont on n'eût point parlé, mes quelques ennemis, bien certainement, ne se seraient guère occupés de moi, ou plutôt ils n'eussent pas été mes ennemis. Du moins si pour me nuire ils n'avaient pas employé la calomnie, cette arme favorite des hypocrites et des lâches, arme avec laquelle les fourbes et les méchants peuvent facilement et impunément vous frapper, non-seulement dans vos intentions et actions les plus louables, mais aussi dans votre réputation et même jusque dans votre honorabilité la mieux avérée et la plus incontestable.

Oui, pour n'avoir jamais voulu faire que le bien, j'ai eu maille à partir avec cette hideuse bête de l'espèce humaine que l'on nomme la calomnie. Pendant bien longtemps je me suis peu préoccupé des éclaboussures de sa bave immonde, mais ses morsures étant devenues plus venimeuses au fur et à mesure que mes efforts en faveur de la chose publique me valaient de nouvelles sympathies, j'ai dû, pour faire apprécier jusqu'à quel point mes quelques ennemis ont poussé leur haine contre moi, j'ai dû signaler celles de leurs inventions les plus odieuses et les plus malveillantes. Mais, comme ils sont aussi lâches que méchants, ils ne procèdent jamais que par des allusions ou par des insinuations dans l'ombre, comme les hiboux ou plutôt comme les malfaiteurs. Les plus édifiantes de ces insinuations sont celles-ci :

On dit que Denecourt, auquel on prête des services militaires honorables, n'était rien moins qu'un soldat de dépôt qui n'a jamais fait campagne... On dit qu'en 1830, étant employé au casernement à Versailles, il a, pendant la révolution de Juillet, porté le bonnet rouge et commis des déprédations qui lui ont valu sa destitution... On dit que l'Empereur, en 1853, après avoir voulu décorer Denecourt, ne l'a plus voulu dès qu'il eut appris ses antécédents peu honorables... On dit que la plus grande partie des travaux attribués à Denecourt dans la forêt sont dûs à l'administration, et qu'il a reçu en souscriptions beaucoup plus qu'il n'a dépensé... On dit qu'il trafique sur les nombreux noms qu'il donne aux arbres et aux rochers de la forêt, en les vendant aux personnes qui tiennent à passer à l'immortalité...

A toutes ces impostures, aussi grossières que venimeuses et dont je défie les lâches inventeurs d'oser se nommer et de prouver qu'elles ne sont pas d'odieux et d'infâmes mensonges, j'oppose, pour les flétrir, non-seulement tout mon passé, toutes les actions de ma vie, mais l'estime de toutes les personnes honnêtes qui me connaissent, et, comme pièces à l'appui, les témoignages suivants [1] :

88ᵉ RÉGIMENT D'INFANTERIE.
5ᵉ BATAILLON.

« Nous, soussignés, officiers, sous-officiers dudit régiment, certifions
« que le sieur Denecourt (Claude-François), sergent dans la 4ᵉ compa-
« gnie du 5ᵉ bataillon, s'est toujours conduit, depuis son arrivée au
« corps, en parfait honnête homme et d'une manière irréprochable, et
« qu'il n'a cessé de montrer une bonne volonté pour le service militaire,
« ayant constamment rempli ses devoirs avec zèle et intelligence, et a
« toujours mérité l'estime de ses chefs et l'amitié de ses camarades. Cer-
« tifions en outre que ce sous-officier s'est fait remarquer par son cou-
« rage et sa fermeté dans les différentes affaires ou circonstances de
« guerre où il a assisté, et qu'il a continuellement manifesté le désir de
« bien servir sa patrie jusqu'à ce jour qu'il part pour rentrer dans ses

---

[1] Les originaux de ces divers témoignages sont en ma possession

« foyers, par suite des blessures qu'il a reçues au champ d'honneur, près
« Mérida (Espagne), le 29 décembre 1811.

« En foi de quoi nous lui avons délivré le présent, pour servir ce que
de raison.

« Rocroy, le 6 juillet 1814.

« DURAND, Capitaine; LEPAGNY, Capitaine; L. MOUCHEL, Capitaine;
« LUCAS, Sergent-Major; MICHEL, Lieutenant; MARMIER, Sergent;
« GUÉROUT, Adjudant; LUCAS, Sergent; MARTIN, Sous-Lieutenant.

« Le Lieutenant-Colonel,

« BARBOT. »

DÉTAIL DE SERVICES, CAMPAGNES ET BLESSURES.

« Entré au service en qualité d'enrôlé volontaire au 88e régiment de
« ligne, le 22 mars 1809, ci. 1809

« Réformé le 25 août 1812, pour cause de blessures reçues sur
« le champ de bataille (Espagne), ci. 1812

« Rentré au même régiment, par un deuxième enrôlement vo-
« lontaire, le 2 mai 1813. 1813

« Caporal le 6 mai. 1813

« Sergent le 11 mars. 1814

« A fait les campagnes de 1809, en Autriche; 1810, 1811 et 1812, en
« Espagne et en Portugal; 1813, en Allemagne, et 1814, en France.

« Fait à Rocroy, le 6 juillet 1814.

« Les Membres du Conseil d'Administration,

« PELTIER, Sergent-Major; CHAPUIS, Capitaine; Charles ECHMANN,
« Capitaine; LETOURNEUR, Colonel. »

CASERNEMENT DE SEINE-ET-MARNE.

—

GÉNIE MILITAIRE.

« Je, soussigné, certifie que le sieur Denecourt, Concierge des bâti-
« ments militaires, employé en cette qualité à Fontainebleau depuis le
« mois d'octobre 1816, a constamment manifesté beaucoup de zèle et
« d'activité, et qu'il n'a cessé de donner des preuves d'une très-bonne
« moralité.

« En foi de quoi je lui ai délivré le présent certificat, à Fontainebleau,
« le 31 décembre 1817.

« Le Commandant du Génie,

« EMON. »

DÉPARTEMENT DE SEINE-ET-OISE.

SERVICE DU GÉNIE.

Versailles, le 16 octobre 1851.

« Monsieur,

« Je suis chargé de vous annoncer que M. le maréchal ministre de la
« guerre a ordonné, par décision du 14 de ce mois, que vous permutte-
« riez de résidence avec le sieur Barthet, concierge du grand quartier
« de cavalerie, à Fontainebleau.

« Je vous invite, en conséquence, à vous rendre dans le plus bref délai
« à Fontainebleau, pour y prendre le service du sieur Barthet. A votre
« arrivée, vous vous présenterez chez M. le chef du génie, qui vous in-
« stallera dans vos fonctions.

« J'ai l'honneur de vous saluer.

« Le Lieutenant-Colonel du Génie, Chef du casernement.

« BOURGOIN. »

Versailles, le 17 novembre 1831.

« Nous déclarons et certifions que M. Denecourt, sous-officier de l'an-
« cienne armée, habitant notre ville en qualité d'employé au caserne-
« ment des troupes depuis l'année 1818, s'est toujours comporté d'une
« manière irréprochable et a mérité l'estime de tous ceux qui l'ont
« connu.

« Nous attestons de plus que ce citoyen a, en plusieurs occasions,
« donné des preuves de son dévouement à la cause nationale.

« BALIGAND jeune, propriétaire, entrepreneur de peinture du ca-
« sernement; NOGUET, propriétaire, entrepreneur de maçon-
« nerie du casernement; DEVOSGES, propriétaire, entrepreneur
« de menuiserie du casernement; NONIN, propriétaire, entre-
« preneur de plomberie du casernement; MILLION, propriétaire;
« DUPILLE, négociant et propriétaire; RAGEOT, marchand bou-
« langer; MONROCQ, marchand papetier; DOLLÉANS, propriétaire;
« ANGÉ, propriétaire et libraire; DUBUTZ, propriétaire; HERPIN,
« propriétaire; LANOUE, propriétaire, officier de la garde na-
« tionale; LEROUX, marchand confiseur; BARBIER, marchand de
« meubles; P. FONTAINE, négociant; B. LEROUX, marchand
« tailleur; JACQUET, cafetier et propriétaire; HOMÉ, garde-ma-
« gasin de la literie militaire; COUPIN DE LA COUPERIE, peintre

« d'histoire, professeur à l'École Militaire de Saint-Cyr ; Mac
« Carthy, chef de bataillon retraité ; le lieutenant-général
« M. J. baron Delort.

« Vu par nous, Maire de Versailles, pour légalisation.

« A l'Hôtel de la Mairie, le 3 mars 1832.

« L. Hanssmann. »

DÉPARTEMENT DE SEINE-ET-OISE.

—

SERVICE DU GÉNIE.

« Je, soussigné, certifie que le sieur Denecourt (Claude-François), con-
« cierge des bâtiments militaires, employé en cette qualité à Versailles
« depuis le 1er janvier 1818 jusqu'à ce jour, s'est constamment acquitté
« de ses fonctions avec zèle et intelligence, et qu'il n'a cessé de donner
« des preuves d'une bonne moralité.

« En foi de quoi j'ai signé le présent certificat.

« A Versailles, le 31 décembre 1831.

« Le Lieutenant-Colonel du Génie, Chef du casernement de Seine-et-Oise,

« Dourgoin. »

Voici les causes finales qui ont déterminé ma destitution. Les causes
principales je les dirai un peu plus loin. On verra que je l'ai certainement
bien méritée, sans qu'il eût été nécessaire de l'attribuer à des infamies ;
mais calomnier est un aliment si doux aux sycophantes !

Lettre insérée dans la TRIBUNE du 12 avril 1832.

« *Au Rédacteur de la Tribune.*

Fontainebleau, ce 10 avril 1832.

« Monsieur,

« L'administration du *Constitutionnel* n'ayant pas daigné faire droit à
« la lettre ci-après, je vous saurai gré si vous l'*insérez* dans votre patrio-
« tique journal.

« Agréez, etc.   « Denecourt,
« Employé au casernement, à Fontainebleau.

« *Au Rédacteur du* Constitutionnel.

Ce 5 avril 1832.

« Monsieur,

« Quand la nation a perdu l'illustre Bénjamin Constant, elle a pu croire
« que ceux qui naguère étaient ses collègues, ses amis, se seraient em-
« pressés de faire rendre les honneurs dus à sa mémoire ; moi, je ne
« l'ai point cru, parce que les transfuges de 1815, comme les renégats
« de 1830, doivent témoigner leur sympathie non à la mémoire de celui
« que leur défection précipita dans la tombe, mais bien à la ligue des
« rois qui les tolèrent au prix de la prospérité et de la dignité de la
« patrie. C'est parce que j'avais cette conviction, monsieur le rédacteur,
« que le lendemain de la mort de ce défenseur de nos droits, je vous ai
« adressé 20 francs pour concourir à l'érection d'un monument sur sa
« tombe ; mais n'ayant pas eu connaissance de l'élévation de ce monu-
« ment, je demande ce qu'est devenue mon offrande civique.
« Agréez, etc.

« Denecourt.

« *P. S.* Par la même occasion, je demande où en est la souscription
« pour la médaille qu'on devait frapper à l'effigie de Benjamin Constant,
« pour laquelle je vous ai également fait parvenir 5 francs. »

Lettre insérée dans la TRIBUNE du 17 avril 1832.

« Fontainebleau, 14 avril.

« Monsieur,

« La condamnation qui vient de vous frapper, ainsi que votre hono-
« rable et courageux ami, M. Bascans, est sentie par tous les citoyens
« qui lisent la *Tribune* et qui sympathisent avec les principes qu'elle
« proclame, principes qui ont pour but la justice, la liberté pour tous,
« la gloire et l'indépendance de la France, choses sans lesquelles la pa-
« trie n'est qu'un mot vide de sens. Appartenant à cette immense classe
« de Français qui trouvent plus de gloire à se sacrifier pour l'avenir de
« la nation qu'à se renfermer dans un vil égoïsme, je m'inscris pour dix
« francs, destinés au solde de l'excessive amende qui vient de vous être
« imposée.

« Agréez, etc.   « Denecourt,
« Employé au casernement, à Fontainebleau. »

Ma Destitution.

« Paris, le 22 avril 1832.

« Je vous préviens, Monsieur, que, par décision du 21 avril courant,
« le Ministre de la guerre a prononcé votre révocation des fonctions de
« concierge que vous exercez au grand quartier de cavalerie, à Fon-
« tainebleau, et a déjà pourvu à cet emploi. Vous voudrez bien, en
« conséquence, cesser vos fonctions aussitôt après l'arrivée de votre suc-
« cesseur.

« J'ai l'honneur de vous saluer,

« Le Colonel, Directeur des fortifications,

« Baron PAULIN.

Lettre insérée dans la TRIBUNE du 5 mai 1832 et reproduite dans le VIGILANT DE SEINE-ET-OISE (journal de Versailles) du 8 mai.

« Nous lisons dans la *Tribune* la lettre suivante d'un de nos conci-
« toyens :

« MONSIEUR LE RÉDACTEUR,

« Destitué après vingt-trois ans de service d'un modeste emploi qu'au
« retour de l'Empereur j'avais obtenu à titre de pension de retraite, pour
« deux congés faits sous les drapeaux, et deux coups de feu reçus en dé-
« fendant la patrie, je crois devoir ne point taire les causes de cette des-
« titution qui sont :

« 1° D'avoir signé l'acte de l'association nationale, tendant à repousser
« et les Bourbons et l'invasion étrangère ;

« 2° D'avoir également signé une pétition adressée à la Chambre des
« Députés, par les patriotes de Versailles, pour demander la mise en
« accusation des ministres, à cause de leur coupable abandon de la Po-
« logne à ses bourreaux ;

« 3° D'avoir, par la voie de la presse et en toute autre occasion, ma-
« nifesté mon antipathie envers le système du 13 mars [1].

« Je défie le maréchal Soult, ministre de la guerre, d'indiquer d'autre
« motif de ma révocation.

[1] Système de compression patronné par Casimir Perrier, qui était alors président des

« Si cette destitution m'a frappé dans mes intérêts personnels, elle n'a
« pu du moins atteindre mes principes. L'amour de la patrie et de la li-
« berté ne s'éteint qu'avec la vie.

« Agréez, etc.

« DENECOURT,
« Ex-employé au casernement.

« Fontainebleau, 5 mai 1832. »

Suit un article élogieux du rédacteur que je me dispense de reproduire.

Si j'ai ici reproduit ces lettres, lesquelles, je l'avoue sont un peu
véhémentes et même empreintes d'une certaine exaltation, c'est pour
mieux constater les causes de ma destitution et prouver en même temps
la déloyauté de mes calomniateurs.

Les esprits équitables me pardonneront cette véhémence, cette exaltation, quand elles sauront que j'ai le malheureux défaut d'être impres-
sionnable et facile à m'enthousiasmer en faveur de tout ce que je crois
être le bien, le beau, l'admirable, et conséquemment à m'indigner contre
toute chose qui me paraît injuste et dangereuse pour tous.

Elles me pardonneront, vu que si, dans mon obscure condition, je me
suis permis de donner des coups d'épingle à la politique du gouverne-
ment de Louis-Philippe, ce fut parce qu'à mon humble point de vue,
cette politique me semblait rétrograde, antilibérale, antinationale, et
qu'elle ne pouvait que nous amener de nouvelles révolutions, de nouvelles ruines.

Oui, les personnes équitables qui ne me connaissent pas encore bien
me pardonneront en me connaissant mieux, et surtout en sachant que,
sans ce malencontreux défaut, je n'aurais probablement pas eu l'honneur
d'aller deux fois me ranger sous les drapeaux de la patrie ni le bonheur
d'avoir mis en lumière les merveilles du plus précieux musée de sites et
de promenades que possède la France.

Quant aux causes qui, en 1853, ont détourné de ma poitrine de vieux
soldat la décoration que l'Empereur avait décidé d'y attacher, elles fu-
rent également et uniquement, n'en déplaise à mes chers Basiles, dans
la manifestation de mes opinions, opinions qui, je le répète, ont eu le
tort d'être formulées un peu crûment, mais lesquelles, du reste, ne
m'ont nullement empêché de demeurer honnête homme ni de continuer à
faire le bien, ainsi que le constatent suffisamment les témoignages dont
voici un extrait, témoignages qui sont à la fois l'une de mes plus précieuses

récompenses, et la protestation la plus formelle contre les turpitudes au moyen desquelles on est parvenu à me nuire et à me desservir, même jusque dans la mission d'utilité publique que j'accomplis depuis tout à l'heure trente ans :

Extrait d'un écrit de la mairie de Fontainebleau.

« Le maire de la ville de Fontainebleau, chevalier de la Légion d'hon-
« neur et de l'ordre de Saint-Ferdinand d'Espagne, et les adjoints de
« ladite ville, déclarent que M. Denecourt a réellement rendu à la ville de
« Fontainebleau de véritables services en mettant en relief les beautés
« de la forêt, qui étaient demeurées inconnues. Les livres de M. Denecourt
« et ses travaux ont vulgarisé la connaissance de notre pays et contribué
« à attirer ici de nombreux étrangers visiteurs.

« L'administration municipale est heureuse de donner à M. Denecourt
« ce témoignage de remercîment que lui doivent les habitants.

« Fait à l'hôtel de ville de Fontainebleau, le 23 février 1857.

« Adhémar, Adjoint ; Lepage, Adjoint ;
« Th. Debonnaire de Gif, Maire. »

Les habitants de Fontainebleau soussignés à l'honorable M. Denecourt.

« Cher Concitoyen,

« Sachant combien d'années d'utiles et laborieuses recherches vous
« avez consacrées à la mise en lumière de notre belle forêt et à rendre
« facilement accessibles les sites les plus pittoresques, au moyen de
« féeriques sentiers et de charmantes promenades que vous avez tracés
« et fait ouvrir à grands frais ;

« Connaissant toutes les curieuses créations que vous y avez fait surgir
« comme par enchantement, tels que passages sous d'imposants rochers,
« grottes, fontaines, belvédères, parmi lesquels on remarque surtout le
« rendez-vous du Chasseur-Noir, la saisissante galerie du Mont-Aigu et
« le belvédère, appelé le *Fort de l'Empereur*, ouvrages des plus remar-
« quables et qui vous ont nécessité les plus grands sacrifices ;

« Sachant aussi tout ce que vous ont coûté d'études et de fatigues vos
« cartes, vos itinéraires, tous les signes indicateurs de vos promenades,

« triple géographie à l'aide de laquelle vous décrivez et indiquez si bien
« les cent kilomètres de parcours du merveilleux et délicieux labyrinthe
« que l'on vous doit, et qui fait l'agrément et les joies de nos touristes et
« visiteurs, dont, grâce à vous, l'affluence s'accroît chaque année;

« Nous, enfin, qui connaissons tout le bien et tous les avantages qui
« résultent de vos utiles et persévérants travaux, nous ne voulons pas
« qu'il soit reproché aux habitants de la ville qui en profitent le plus
« d'être restés indifférents à votre égard, et nous venons, en apposant nos
« signatures à la suite de ces lignes, associer nos sentiments d'estime et
« de gratitude aux nombreux hommages dont jusqu'ici vous avez été, à
« si juste titre, l'objet de la part des écrivains et des artistes les plus
« distingués, comme de la part de tous les voyageurs qui viennent jouir
« de vos découvertes et peuvent explorer facilement une infinité de sites
« et de points de vue très-curieux, lesquels, sans votre généreuse initia-
« tive et vos efforts persévérants, seraient restés sans doute longtemps
« encore inabordables et inconnus.

« En les mettant en lumière au prix de la meilleure partie de votre mo-
« deste fortune, vous avez acquis les sympathies publiques et attaché
« votre nom à notre belle forêt de la manière la plus honorable. »

Suivent douze cent cinquante signatures des habitants de Fontainebleau
et des fonctionnaires de tous ordres de ladite ville, légalisées par l'administration municipale dans les termes ci-après :

« Vu, en mairie, pour légalisation des nombreuses signatures apposées
« ci-dessus et des autres parts.

« Fontainebleau, le 2 août 1858.

« Le Maire, Chevalier de la Légion d'honneur et de l'ordre de Saint-Ferdinand d'Espagne,

« Th. Debonnaire de Gif.

« Lepage, adjoint. »

Apostille de l'administration municipale actuelle.

« Le maire de la ville de Fontainebleau, conseiller général de Seine-
« et-Marne, chevalier de la Légion d'honneur, et les adjoints de ladite
« ville, après avoir examiné l'écrit qui précède ces lignes, certifient que
« cet écrit est la copie fidèle de l'acte par lequel les habitants de cette
« ville, qui l'ont signé au nombre de douze cent cinquante, parmi les-
« quels figurent les autorités locales et les fonctionnaires de tous ordres,
« viennent de témoigner à M Denecourt leurs sentiments de gratitude

« pour toutes les choses utiles qu'on lui doit dans notre pittoresque
« forêt.

« L'administration municipale est heureuse de constater ce témoignage
« de remercîment à M. Denecourt et de déclarer qu'en outre des travaux
« qui lui ont valu la reconnaissance de ses concitoyens, il a le mérite
« d'avoir servi fort honorablement dans l'armée à l'époque de nos plus
« grandes guerres (1809 à 1814), et de s'être distingué sur le champ
« de bataille, ainsi que le constatent ses états de services et ses bles-
« sures.

« Quant à la moralité de M. Denecourt, les certificats qui l'attestent
« sont dans les nombreuses marques de sympathie qui lui sont accordées
« de toutes parts.

« Fait en l'hôtel de ville de Fontainebleau, le 2 février 1859.

« E. Cauthion, Adjoint ; F. Thinus, Adjoint ;
« A. D. Guérin, Maire. »

A tous ces honorables témoignages, je pourrais en ajouter bien d'autres non moins précieux, non moins opposés aux infâmes propos sour-
dement et lâchement répandus contre moi; mais n'ai-je pas déjà, par ce
qui précède, pris beaucoup trop de peine pour flétrir des calomniateurs
qui, dans l'ombre, sans être aperçus, distillent impunément leurs venimeuses impostures ?

Terminons enfin en défiant une fois de plus les Basiles qui m'assassi-
nent de la sorte d'oser se faire connaître, et de prouver qu'ils ne sont pas
de vils et méprisables calomniateurs.

Un mot encore, mais à l'adresse de ceux de mes concitoyens qui au-
raient pu se méprendre sur les opinions que j'ai manifestées : elles ne
sont ni rouges, ni blanches, ni noires, elles sont celles que représente
le noble drapeau de la Révolution de 1789, drapeau sous lequel j'ai versé
mon sang en combattant les ennemis de notre chère patrie, tandis que
dans leurs rangs étaient certains de mes calomniateurs...

Oui, mes opinions, quoique jadis exprimées avec un enthousiasme
parfois empreint d'exaltation, sont celles que représente le drapeau de la
France moderne, de la France libérale, de la France ennemie de toute
tyrannie, aussi bien de celle d'en bas que de celle d'en haut, et surtout de
la tyrannie qui tend à dominer et les peuples et leurs gouvernements.

Mes opinions, pour mieux dire, sont celles de tous les patriotes qui se
sont réjouis à chacune des déchirures faites par la France aux honteux
traités de Vienne, mais surtout la dernière par laquelle nous avons vu

nos glorieuses et braves légions porter l'indépendance et la liberté aux peuples de l'Italie et, pour prix de leurs éclatantes victoires, rattacher à notre belle patrie d'importantes frontières que l'Europe coalisée et la trahison nous avaient odieusement arrachées... Mais que dis-je et où vais-je?... Malheureux incorrigible que je suis? N'avais-je donc pas déjà assez encouru la haine de mes ennemis pour venir encore ajouter à mes torts envers eux par cet épanchement de mon vieux et affreux patriotisme en faveur de cette guerre d'Italie, une des pages les plus glorieuses et les plus belles de notre époque! Non, je ne me corrigerai pas de ce malencontreux défaut, qui me porte à m'enthousiasmer en faveur de tout ce que je crois être le bien. Témoin encore cette maudite persévérance dans les efforts que je fais près de toutes les puissances administratives et gouvernementales pour tâcher de sauver d'une entière destruction les admirables sites qui m'ont inspiré mon œuvre silvestre, œuvre bien-aimée de tant de monde et peut-être même de mes calomniateurs; mais non, car l'homme qui est à la fois méchant, fourbe et lâche, ne doit pas posséder le sentiment du beau.

Enfin je termine en disant :

Fais ce que dois, advienne que pourra !

DENECOURT.

Fontainebleau, le 22 avril 1861.

PARIS. — IMP. SIMON RACON ET COMP., RUE D'ERFURTH, 1.